© Rolando Kattan

MARÍA ÁNGELES PÉREZ LÓPEZ born in Valladolid, Spain, 1967) is a poet and Professor of Contemporary Spanish Poetry and Hispano-American Literature at the University of Salamanca.

She has published various award-winning books, including *Fiebre y compassion de los metals/ Fever and Compassion of Metals* (Vaso Roto, 2016); her book *Incendio mineral* (Vaso Roto, 2021) was awarded the Premio Nacional de la Crítica of Spain in 2022. Collections of her work have been published in Caracas, Mexico City, Quito, New York, Monterrey, Bogota and Lima.

CURTIS BAUER is a poet and translator from the United States. His most recent poetry collection is *American Selfie* (Barrow Street Press, 2019). He lives in Spain and Texas and teaches creative writing and comparative literature at Texas Tech University.

KEILA VALL DE LA VILLE is a New York-based Venezuelan author of awarded novels, short story collections, essays and poetry. She teaches creative writing workshops, is a literary translator and collaborates with literary magazines and newspapers.

Mineral Fire

First edition: October, 2025
Original Title: Incendio mineral

Manufactured in the United States of America
Cover engraving: Víctor Ramírez

Broken Bowl Books
PO BOX 450948
Laredo TX 78045-0023
www.brokenbowlbooks.com

ISBN: 978-1-969317-00-2
Library of Congress Control Number: 2025945009

María Ángeles Pérez López
Mineral Fire

Translated from Spanish by Curtis Bauer & Keila Vall de la Ville

Broken Bowl / Books

You are the one who writes and the one who is written.
EDMOND JABÈS

Dawn comes because someone who knows this word always remains.
It carries weariness, it carries light and loosens everything.
It is the sunrise: the sweetness of wolves, the yawning of anger,
the retraction of certain kinds of beauty.
You still smile in the idleness of emperors.
But there can be no concealment.
JULIETA VALERO

Now you have no name or surname
or any other motive than each step.
DAVID ELOY RODRÍGUEZ

Índice / Contents

MINERAL FIRE

I

MI CUERPO CHOCA CONTRA LOS PRONOMBRES

I

My Body Collides With Pronouns

*

Mi cuerpo choca contra los pronombres. No sé a cuál de sus exigencias obedezco. No es cierto que sean cáscaras vacías: son vísceras y plasma en la transfusión que cede cada uno de nosotros. Cuando va a amanecer y salimos desnudos a la habitación más fría del idioma, entregamos materia y ADN. La luz parece tan sólo una escaramuza y los hospitales todavía no apaciguan el pavor, pero nosotros ya avanzamos por corredores simétricos y grises con un hilo de sangre de la mano, como si Ariadna hubiese decidido no llamarse Ariadna sino Penélope y tejer toda la noche su condena.

Como si ellas dos se hubieran abrazado en la temperatura del temor y hubieran recordado que la sangre es un hilo que cose cada parte de su cuerpo: un riñón sobre el otro en la diálisis; las dos clavículas como dos mariposas atrapadas que el esternón clavó contra su tórax; un ovario que llama al otro en las veintiocho ocasiones en que la luna gira alrededor; o el agua en los pulmones del ahogado. Como si las dos fueran una: sólo un hilo.

De la sangre que gotea por él, muy deprisa, caen los pronombres y manchan el suelo. Se enfadan quienes limpiaban

*

My body collides with pronouns. I don't know which of their demands I obey.

It isn't true that they are empty shells: they are viscera and plasma in the transfusion that each one of us gives up.

When the sun's about to break and we go naked into language's coldest room we offer up matter and DNA.

Light seems only a skirmish and hospitals have not yet appeased dread, but we move along the gray, symmetrical corridors with a thread of blood off our hands, as if Ariadne had decided not to be called Ariadne but Penelope and to weave through the night her curse.

As if the two women had embraced each other in the temperature of fear and had remembered that blood is a thread that sews together every part of their body: one kidney over the other in dialysis; the two collarbones like two trapped butterflies that the sternum pinned against their thorax; one ovary calling to the other in the twenty-eight occasions the moon turns around; or water in the lungs of the man who drowned. As if the two were one: only one thread.

From the blood that drips down from it, so quickly, the pronouns fall and stain the floor. They become upset, the ones who

las salas del hospital. Podríamos haber soltado piedritas para tropezar en el agotado itinerario de la vuelta. De todas formas se habrían enfadado, o ¿es que acaso se incluyen en la palabra *nosotros*? Lo desconozco.

¿Y ahora? *¿Quién crees que eres yo?*

Sólo soy una herida en el lenguaje.

con María Ángeles Maeso

cleaned the hospital wards. We could have dropped pebbles to trip over along the worn-out itinerary of our return. They would have been angry anyway, or is it that they include themselves in the word *we*? I don't know.

And now? *Who do you think are I?*

I am only a wound in language.

with María Ángeles Maeso

II

ESTÁ LA CABEZA ATRAPADA Y SEDUCIDA

II

There The Head Is Trapped And Seduced

*

Está la cabeza atrapada y seducida. Con viscosa densidad tejemos una tela alrededor. Su peso la desequilibra contra el suelo, como una manzana que Newton olvidó recoger para la cena, o que dejó pudrirse en el árbol mientras la picoteaban los pájaros en el verano de Lincolnshire, o que golpeó indolente con un pie como si fuera un sol molesto en la curvatura de su caída innoble.

Gravedad y liviandad en la atracción con que los cuerpos se muerden unos a otros, se hacen caer, se envuelven en el lienzo invisible que cosió la mañana.

Retícula imperfecta del amor.

Soy a la vez la araña y soy su mosca.

*

There the head is trapped and seduced. We weave, viscous and dense, a fabric around it. The weight unbalances it against the ground, like an apple Newton forgot to pick for dinner, or that he left to rot on the tree while birds pecked at it in the Lincolnshire summer, or that he nonchalantly kicked with one foot as if it were an annoying sun in the curvature of its ignoble fall.

Gravity and levity in the attraction with which bodies bite each other, make each other fall, wrap themselves in the invisible canvas sewn together by the morning.

Imperfect grid of love.

I am both the spider and I am its fly.

III

Desciendo hasta tu cuerpo
y me oscurezco

III

I DESCEND TO YOUR BODY
AND DARKEN

*

Desciendo hasta tu cuerpo y me oscurezco. Me pierdo en tu penumbra, en la apretada maraña de tu boca. Han desaparecido las huellas de enfermeras y de antílopes, de pasajeros sombríos en el atardecer del metro. Los flamboyanes son promesas rojizas que nada quieren saber de la ciudad. Gotea, sobre los túneles también sombríos, la perlada e infame desmesura del sudor. La grasa de los motores recalienta la tarde hasta asfixiarla. Entonces, agotado ya el día, entro en ti como en una cueva fresca y sibilante. Atrás quedan las horas insulsas, los platos de comida precocinada que se adhieren al plástico, los teléfonos que suenan sin que nadie conteste. Atrás queda, al fin, la expoliación carnal de las mañanas, fibra en la que los músculos se tensan hasta abrirse en puntitos de sangre que no se ha dejado domesticar por completo.

Cuando entro en ti, todo se borra: palabras que aprieto contra el paladar hasta volverlas de agua; archivos de memoria que no encuentro; proteína que pierde su estructura en la embriaguez extrema del calor.

Cuando entro en ti, la noche me posee.

El cuerpo pertenece a su placer.

*

I descend to your body and darken. I lose myself in your penumbra, in the tight tangle of your mouth.

Gone are the footprints of nurses and antelopes, of somber passengers in the subway's dusk. The flamboyants are reddish promises that want to know nothing about the city. Drips, on the tunnels also somber, the pearly and infamous excess of sweat. Engine grease overheats the afternoon, suffocates it.

Then, the day already spent, I enter you like into a cool and sibilant cavern. Long gone the meaningless hours, the plates of pre-cooked food that sticks to the plastic, the ringing phones left unanswered. Long gone, at last, the morning's carnal plundering, fiber in which muscles tighten then snap into little dots of defiant, undomesticated blood.

When I enter you, everything vanishes: words I press on my palate until they turn to water; memory files I cannot find; protein that loses its structure in the extreme intoxication of heat.

When I enter you, night possesses me.

My body belongs to its pleasure.

IV

BAJA EL POLEN COMO BAJA LA NIEVE

IV

POLLEN COMES DOWN LIKE SNOW COMES DOWN

*

Baja el polen como baja la nieve. ¿Qué hacen aquí si son flores de altura? ¿No era suya la aspiración de cima? ¿De coordenada impropia cuando rozan los dedos de los pies?

Un zumbido blanquísimo sujeta la mañana. No puede respirarse en estas tráqueas de luz. Todo lo tapan, todo lo atestiguan. Levantan plumones de pichón junto a su cauce.

De pronto no amanece porque guardan dentro una esfera perfecta, un libro circular en el que están el sol y la mañana tapados por esa manta blanca que todo lo atestigua. Que tiembla en el sonido que se arquea. Que a todos nos deshace y pertenece.

¿A *todos*? Sí, no tengo duda: en lo no calcáreo, lo no granito, lo no feldespato, lo no rugoso ni rígido ni reo. En lo que se dice fluido pero es sólo un conjunto insólito de plumas en la asfixia y el amor.

Asma podría ser amor, sin embargo ¿dónde quedan los pichones cuando los abejorros también dejan de venir?

Se preguntan, inquietos, los biólogos adónde han ido en estas cotas en que no se registra su presencia. ¿Suben tal vez a las flores más altas? ¿Permanecen sus cuerpos en esa transitoriedad que es

*

Pollen comes down like snow comes down. Why are they here, these high-altitude flowers? Wasn't theirs the aspiration for the summit? Of improper coordination when toe-touched?

A whiter than white buzz holds up the morning. Breathing is impossible through these tracheas of light. They cover everything, they witness everything. They raise pigeon feathers along the riverbed.

Perhaps there is no dawn because they hold inside a perfect sphere, a circular book in which sun and morning are covered by that white blanket that witnesses everything. That trembles in the arcing sound. That undoes us all and belongs to us all.

All of us? Yes, I have no doubt: in the non-calcareous, the non-granite, the non-feldspar, the non-rugged, non-rigid and not even the restricted. In what is called fluid but is only an unusual array of feathers in asphyxiation and love.

Asthma could be love, but what about the hatchlings when even the bumblebees stop coming around?

Biologists wonder, restless, where have they gone at these heights where their presence is uncatalogued. Maybe they fly up to the highest flowers? Do their bodies abide in that transient

no morir? ¿En el festejo de las antenas que bailan ante las inminentes señales de apetito? Más de veinte mil especies de abejas distintas y sólo una ha de herirme con su beso. Las hay domésticas y salvajes. Algunas llevarán cofia y trabajarán en los barrios elegantes de las ciudades agrestes. Quizá tengan rasgos alargados y serviles, obligadas por la estatura de la necesidad. Otras morderán su calendario hasta hacerse sangre. Una cae de su celdilla y no habrá andamio bastante en el crujido de la mañana rota.

En su mayoría son individuos silvestres y solitarios que pretenden nada menos que el equilibrio de los ecosistemas del planeta.

¿Permanecen sus cuerpos en la fidelidad estricta a cada especie? ¿Qué clase de fidelidad le compete a mi especie? ¿Especie? Siete mil millones de individuos en su celdilla impar, su hueso despoblado.

Sobre nosotros se desplazan las agujitas de aire para irradiar el polen y su anhelo. Porque en todos –de nuevo la palabra *todos* encaramada en su abrumadora membrana de ruido– es idéntica a la taxonomía de la lengua, esa masa de carne muy blanda y flexible, ballena navegando tras los dientes, abejita que unta la geometría hexagonal en su deseo.

¿Podremos respirar en la nieve o el polen? ¿Hacia la altura que no termina de llegar?

Zoología del amor que alza la luz.

con Gonzalo Rojas

30

state that is not dying? In the celebration of antennae dancing to the impending signs of hunger?

More than twenty thousand different species of bees and only one will wound me with its kiss.

There are both domestic and wild. Some will wear bonnets and work in the elegant neighborhoods of rough cities. Perhaps they have elongated and servile features, bound by the measure of their need. Others might bite their calendar until they bleed. One falls from its cell and there will not be enough scaffolding in the crackle of the broken morning.

They are mostly wild, solitary individuals intending nothing less than the balance of the planet's ecosystems.

Do their bodies remain in strict fidelity to each species? What kind of fidelity pertains to my species? Species?

Seven billion individuals in their odd cell, their unpopulated bone.

The little needles of air hover over us to radiate pollen and its longing. Because in everyone–again the word *everyone* perched on its overwhelming membrane of noise–the taxonomy of the tongue is identical, that mass of tender and flexible flesh, whale sailing behind teeth, little bee that smears hexagonal geometry in its desire.

Will we be able to breathe in snow or in pollen? Towards the height always drifting away?

Zoology of love light lifted.

with Gonzalo Rojas

V

SOBRE EL ECZEMA DEL ASFALTO

V

Over The Eczema Of The Asphalt

*

Sobre el eczema del asfalto corre una hilera de hormigas laboriosas. Ellas conocen el poema de Pound y no le temen a la palabra *usura* porque en el territorio del hambre no resulta posible imaginarla. Artrópodos de las inmediaciones del lenguaje.

Escarban bajo tierra por si hubiese otras acepciones más nutricias. No necesitan decir *hoja* o decir *savia* para sentir la felicidad extrema de los dientes. No necesitan que yo ponga en su boca nada más que una miga desenvuelta. Pueden hacer suya la ciudad porque la hemos abandonado a su intemperie y ellas pertenecen también al mismo reino de lo invisible que las mendigas rumanas junto al supermercado.

Cuando están muy cansadas y se duermen sobre los carros vacíos de la compra, los insectos penetran en su sueño. Al fondo del agua más oscura, donde han quedado quietas brevemente, comparten con las piedras su inmovilidad.

Nada ocurre en la superficie que se irisa con el viento pero en el lodo profundo las larvas se agitan. Mientras el agua duerme, ellas reclaman alimento a los adultos, que les entregan materia líquida regurgitada.

Entonces recuerdo de golpe que yo también he crecido con palabras que otros lamieron y han masticado hasta la extenua-

*

Over the eczema of the asphalt runs a thread of industrious ants. They know Pound's poem and do not fear the word *usury* because in the territory of hunger it doesn't seem possible to imagine it. Arthropods of language's surroundings.

They dig underground in search of other, more nourishing meanings. They don't need to say *leaf* or say *sap* to feel the extreme happiness of teeth. They don't need me to put anything more than an unwrapped crumb in their mouth. They can make the city their own because we have abandoned it to the elements and they too belong to the same realm of the invisible as the Romanian beggars by the supermarket.

When they are so worn out and fall asleep on empty shopping carts, insects penetrate their dreams. At the bottom of the darkest water, where they have remained so briefly undisturbed, they share their stillness with the stones.

Nothing happens on the wind-blown surface, but in the deep mud the larvae stir. While the water sleeps, they demand food from the adults, who give them regurgitated liquid matter.

Then I suddenly remember that I too grew up with words that others licked and ground to exhaustion, like that pink chewing gum that ends up hurting you when you breathe. They have swal-

ción, como esos chicles rosa con los que termina doliendo respirar. Las han deglutido y vuelto a deglutir dejándolas resecas en su hollejo, pero yo las chupaba con fruición por si aún soltasen alguna perlita de sabor en mi boca. Las han peinado con morosa severidad o desinfectado cuando sangraba la piel en las rodillas de la infancia. Las han abrigado, vestido de uniforme, desnudado en los hoteles. Las han poseído.

En el sueño las larvas (las palabras) crecen veloces y avanzan disciplinadamente como niñas enlutadas que llevaran una tela de pañal en la cabeza, madres de otra plaza circular cuyo oscuro grito no termina de agotarse. Cuando el sueño se rasga, la luz primeriza del amanecer descubre a algunas de ellas hilando seda.

¿Son las moiras? ¿Las ilegibles fulguraciones de la noche que muere? ¿Las que transformaron el cordón umbilical en hilo destrenzado y deglutido?

También está genéticamente determinado su sexo, y se dividen según sus cromosomas. ¿Las palabras? No, los insectos (e insectas).

Me sobrecoge sentirme tan cerca de su lado, en lo invisible y verdadero que es la piel enfermiza en la ciudad sobre la que caminan sin temor.

Los científicos las llaman hormigas del pavimento, y cuando las nombran tan objetiva y presuntuosamente, creen cancelar cualquier duda que se hubiese abierto debajo de sus patas, pero lo cierto es que al correr por la piel enrojecida del asfalto, traen la luz y verdad de lo inasible. Son apelaciones radicales de la sombra.

Las mendigas y yo también lo somos.

lowed them and swallowed them again, leaving them withered on their skin, but I sucked them with relish in case they might release a little pearl of flavor in my mouth. They have combed them with morose severity or disinfected them on childhood's bloody knees. They have sheltered them, dressed them in uniforms, undressed them in hotels. They have possessed them.

In sleep larvae (words) grow swift and advance disciplinedly like mourning girls wearing a diaper cloth on their head, mothers of another circular square whose dark scream is never depleted. When sleep is torn, the first light of dawn discovers some of them spinning silk.

Are they the moiras? The illegible glares of the dying night? Those that transformed the umbilical cord into stripped and swallowed thread?

Also their sex is genetically determined, and they are divided according to their chromosomes. Words? No, insects (male and female).

It overwhelms me to feel so close to their side, in the invisible and true that is the sickly skin in the city where they walk without fear.

Scientists call them pavement ants, and when they name them so objectively and presumptuously, they believe they cancel any doubt that might have opened up under their legs, but the truth is that as they run across the asphalt's reddened skin, they carry the light and truth of the elusive. They are the shadow's radical appeals.

The beggars and I are, too.

VI

Termina el videojuego

VI

GAME OVER

*

Termina el videojuego: «La oscuridad te ha consumido». Me sorprendo y comienzo a temblar. Miro la pantalla sin poder entender sus algoritmos encriptados. ¿Cómo sabe? Pero ¿cómo es que sabe? Y ese tú, ¿a quién apunta con su dedo sin lengua, su índice preciso y privativo?

¿Puedo mirar hacia otra parte para que no se deposite sobre mí este peso que todo lo concierne?

¿Escabullirme, cerrar las piernas y que no entre la palabra *oscuridad*? Suelta el sexo sus pavesas en la carcasa del oído.

No voy a ceder aunque sea cierto. Aunque comprenda con violencia que cuando creo trazar líneas caprichosas que se enredan y traban en el peine, en realidad caigo con la exactitud de la plomada. También lo hace la certidumbre sin que se alteren ni su pulso ni el fervor.

Pero yo me resisto, por eso me resisto.

Las rodillas empujan su rótula redonda y mueven el día como si fuera un círculo perfecto, un aro que sostenemos con el fémur para que no se caiga. En los codos también se precipita, sobre su ángulo abierto y contundente, la mayor convicción.

Abrirse paso con codos, con rodillas, con la mano en la espalda, la nuca saliendo de la boca, el pelo brotando sin ceder.

*

Game over: "Darkness has consumed you." Startled, I begin to tremble. I look at the screen without understanding its encrypted algorithms. How does it know? But how come it knows?

And that you, to whom does it point, with its tongueless finger, its precise and privative index?

Could I look the other way so this all-concerning burden isn't imposed upon me?

Could I slip away, close my legs and not let the word *darkness* enter me? Sex releases its embers into the ear's shell.

I won't give up even if it's true. Even if I violently understand that when I think I draw whimsical lines that get tangled and stuck in my comb, I actually fall with the exactness of a plumb line. Certainty also does this without altering its pulse or fervor.

But I resist, that's why I resist.

Knees push their round kneecap and move the day as if it were a perfect circle, a hoop that we hold with the femur so that it does not fall. Also on the elbows, on their open and forceful angle, falls the greatest conviction.

To break through with elbows, knees, with the hand on the back, the nape of the neck coming out of the mouth, the hair sprouting without yielding.

Que no se despeguen de mí los cartílagos, que los hematocritos me acompañen, que en mí estén lo líquido y lo sólido con la única convicción de lo imposible: corpúsculos pujando en su clamor. También las palabras están a medio camino entre lo líquido y lo sólido. Son fluido translúcido que arrastra a su paso cuanto puede: astillas de ramas y de aire, declaraciones de amor, buzones, cláusulas testamentarias, preservativos desechados, partículas de quién sabe qué, balances entre la flora del presente y los estrictos legajos de lo real... Todo lo arrastran, incluido el miedo.

Con ellas me atrevo a reclamar perennemente un tiempo sin fronteras, aunque la palabra *reclamo* ya contenga su propio alarido, su derrota pidiendo reiniciar la partida, que aparezcan las letras de *Game over* con sus chispitas tristes y arrinconadas y que luego todo pueda volver a ser su siendo, su gerundio, su gerundísimo gerundio entre los labios.

La boca ya no tiembla, ni tampoco la mano, que se enfervoriza, agita las alas desproporcionadas, restituye.

Ante el cortocircuito de las pantallas y el milimétrico abrazo de la sombra, la mano restituye. Como si ella también entrase en el apretado grumo de la gracia. Como si la sangre que por ella circula fuese agua remontando de lo oscuro, claridad que completa y humedece.

Tarea del zahorí que logra sumar todos los puntos de la partida. Aunque siempre pierda.

May my cartilage not detach from my body, may my hemato-crits accompany me, may liquid and solid be in me with the sole conviction of the impossible: corpuscles pushing in their clamor.

Words are also halfway between liquid and solid. Translucent fluid that drags everything along its path: splinters of branches and air, declarations of love, mailboxes, testamentary clauses, dis-carded condoms, particles of who knows what, balances between the flora of the present and the strict archives of what is real... They drag everything, including fear.

With them I dare to reclaim perennially a time without bor-ders, although the word *reclaim* already contains its own howl, its defeat asking to restart the game, to make the letters *Game over* appear with their sad and cornered sparks and then to let everything be again its being, its gerund, its very gerund gerund between my lips.

My mouth no longer trembles, nor does my hand now fever-ish; it flaps its disproportionate wings, restores.

Facing the screens' short circuit and the shadow's millimet-ric embrace, my hand restores. As if it also entered grace's tight clump. As if the blood circulating through it were water sailing up from the dark, clarity that completes and moistens.

Task of the dowser, diviner who gathers all the points of the game. Even if he always loses.

VII

La piedra me regala su apellido

VII

THE STONE GIVES ME ITS LAST NAME

*

La piedra me regala su apellido. Desmigarse. Perder. Ser sólo tiempo. Materia granulada que no teme a su sombra. No teme el tumulto sincopado de los días, su conglomerado de arena que olisquea el salitre y el amor. Puede volverse cauce, o costanera, o cristal en que crujen sordamente el cierzo y el regalo de la luz.

Nada le preocupa desaparecer, ser otra y ser la misma, que duerma en ella un meteorito mudo que contiene la plena incandescencia y estalla en mil fragmentos, mil porciones minúsculas de sí, de piedra que será otra y la misma.

¿Qué hará después con tanta permanencia? ¿Se sentirá infalible aunque la microscopía voraz nos asegure que los cuerpos sólidos también se desvanecen?

Dividida y vuelta a dividir, sin embargo mantiene intacta la certeza solar, el corazón inquieto en que beben su rapidez las lagartijas. Consistencia obstinada y muy feliz.

En ella transpira lo inmutable.

Cuando cae a romperse y permanece, se suceden las guerras y monarcas, las largas migraciones de subsaharianos abandonando la tierra más hosca, el comienzo del viento y la escritura, la rebelión de los mineros –hijos terribles del pulmón que arde–, el beso

*

The stone gives me its last name. To crumble. To lose. To be only time.

Granulated material unafraid of its shadow. Unafraid of the syncopated tumult of days, its conglomerate of sand that smells saltpeter and love. It can become a waterway, or shoreline, or a a window pane on which the cold north wind and the gift of light creak deafly.

It is not worried about disappearing, about being other and being the same, about a mute meteorite asleep in its own body that holds full incandescence and bursts into a thousand fragments, a thousand tiny portions of itself, of stone that will be other and the same.

What will it do afterwards with so much permanence? Will it feel infallible even if the voracious microscopy assures us that solid bodies also vanish?

Divided and divided again, it nevertheless keeps solar certainty intact, its restless heart in which lizards drink their speed. Stubborn consistency and so blissful.

The immutable transpires inside it.

When after falling and breaking it remains, wars and monarchs follow, the long migrations of sub-Saharans leave behind the most hostile land, the beginning of wind and writing, the rebellion of miners–terrible children of the burning lung–the kiss

con que las leonas piden su dentellada a las gacelas, el ritual de los minerales de Atacama o ese brote desmesurado y atónito de los almendros que reviven en cada primavera su fragilidad obstinada y muy feliz.

Cada piedrita es plena y poderosa aunque caiga hasta ser un solo grano.

Entonces me regala su apellido.

Su claridad hacia el amor, su modo desatado de reír cuando los niños buscan en el suelo, animalitos ávidos y sucios, la roca que mejor salte en el río. Uno de ellos lanza un alarido extenuante porque encontró un canto que botará en el agua tantas veces como para negarse a su caída.

Lo pétreo transformado hacia lo anfibio en la soberanía del deseo. Piedra a la vez humilde y prodigiosa, guijarro que salta como si no pesase porque no importa su fuerza sino la rapidez.

Así yo igualmente, ratito de presencia, meteoro que corre para terminar chocándose con la línea invisible de la atmósfera, lagartija desnuda entre el cemento.

Pérez, hijo de Pedro, hijo de piedra.

with which lionesses ask gazelles to leave their bite marks, the ritual of the minerals of Atacama or that disproportionate and astonished sprouting of the almond trees that revive their obstinate and blissful fragility every spring.

Each pebble is complete and powerful even when it falls and breaks into a single grain.

Then it gives me its last name.

Its clarity towards love, its unleashed way of laughing when children search the ground, avid and dirty little animals, for the rock that best skims across the river. One of them lets out an extenuating shriek after finding a pebble that will skip across the water so many times as if to refuse its own sinking.

The petrous transformed into the amphibious in the sovereignty of desire. A stone both humble and prodigious, a pebble that bounces as if it were weightless because its strength is not as important as its speed.

So am I likewise, an instant of presence, meteor that rushes to end up colliding with the invisible line of the atmosphere, naked lizard surrounded by cement.

Pérez, son of Pedro, son of stone.

VIII

TODO LO RECUBRE PIEL HUMANA

VIII

Human Skin Covers Everything

*

Todo lo recubre piel humana.

Como una moqueta despellejada y sola; como si nombres pro
pios y comunes uniesen sus órganos, su temperamento desigual;
como si lo heterogéneo pudiese estar contenido en lo homogéneo,
todo lo recubre piel humana: puentes que unen sin mampostería
las tres letras de la palabra *río*, lujosas viviendas desocupadas en
las ciudades que muerden el extrarradio de su necesidad, mal-
trechos ascensores que siempre huelen a lejía, piscinas públicas y
esas catedrales que albergan, bajo la vehemencia sorprendida de
sus bóvedas, tendón y ligamentos de quienes las pusieron en pie
sobre los hombros.

Cuando giran los cuerpos en sus piedras molares entregan la
proporción áurea de su propio agotamiento, las toxinas que en-
fermaron en los bronquios, la dermis desgastada a causa de ese
tránsito: el que va de lo orgánico a lo mineral, el que envía a través
de las venas una tumultuosa proliferación de eritrocitos para que
en el espesor calcáreo se abran cauces de sangre liberada.

Como si hubiese conductos escondidos, corredores de sombra
que nunca aparecen en los planos pero comunican entre sí, fur-
tivamente, la maquinaria exactísima de los huesos radio y cúbito
con el magro caudal de la pobreza.

*

Human skin covers everything.

Like a threadbare and lonely carpet; as if proper and common names held their organs together, their unequal temperament; as if the heterogeneous could be contained in the homogeneous, human skin covers everything: bridges that unite without masonry the three letters of the word *río*, luxurious unoccupied homes in cities that bite the outskirts of their need, battered elevators that always smell like bleach, public swimming pools and those cathedrals that shelter, under the surprised vehemence of their vaults, the sinew and ligaments of those who carried them on their shoulders.

When the bodies turn on their molar stones, they deliver the golden ratio of their own exhaustion, the toxins that sickened the bronchi, the dermis worn down by such transit: from the organic to the mineral, the one that sends a tumultuous proliferation of erythrocytes through the veins so that streams of freed blood open up in calcareous thickness.

As if there were hidden conduits, shadow corridors that never appear on the blueprints but furtively communicate with each other the exact machinery of the radius and ulna bones with the meager flow of poverty.

Compás que oprime la musculatura del brazo en sus tardes desesperadas para que la piel sea tegumento y protección, cápsula de aire que todo lo envuelve sobre su propia precariedad y lo protege del desalojo de vivir.

Muy cerca tiembla el trueno de la tilde en el grisú y bajo las redecillas para el pelo de las cocineras quedan atrapadas las declaraciones de libertad, igualdad y fraternidad. La Comuna de París está tan lejos que es sólo una línea imaginaria, un brevísimo apunte descarado que no termina de desaparecer de los manuales.

Pero también en los barrios de Madrid o Palencia es piel humana la primera que arde y se estremece. No importa que parezca lo contrario.

Luego caerán los días o las bombas pero justo antes de ese estallido que todo lo compete, será piel la que entrega su nombre hasta morir. No importa que parezca lo contrario.

Piedras, pasajes, porterías de fútbol. Todo lo recubre piel humana.

Por eso las manos de mi padre, ahora que envejece, se atormentan. Van agarrotándose hasta quedar inmovilizados los tendones.

Mientras lo miro caer hacia otro tiempo él va volviéndose un bloque desnudo de hormigón. Las casas que ha levantado, el tiempo que ha levantado, los enseres y caminos que ha levantado serán más duraderos que él mismo porque ha entregado su corazón a esa tarea inflexible y pertinaz. Ha donado su luz, su consistencia.

Nada se ha quedado para sí. Ninguna monedita de fulgor ha quedado olvidada en sus bolsillos.

La piedra, a cambio, le regalará su inmovilidad, el noble territorio de lo ausente.

Por eso sé –no importa que parezca lo contrario– que cuando sus manos rotas, incompletas y bellísimas sean tan sólo sillares para el aire, formarán argamasa y trabazón. Índice en que el oxígeno se asienta.

Piedra padre que todo lo ha fundado. Geología y canción de los nudillos.

Compass that oppresses the musculature of the arm in its desperate afternoons so that skin becomes integument and protection, air capsule that envelops everything on its own precariousness and protects it from the eviction of living.

Nearby the tilde thunder trembles in the grisou and declarations of liberty, equality and fraternity get trapped under the hairnets of the female cooks. The Commune of Paris is so far away that it's only an imaginary line, a so brief, blatant entry reluctant to disappear from the manuals.

But also in the neighborhoods of Madrid or Palencia, it is human skin that is first to burn and shudder. It doesn't matter if it seems like the opposite.

Then the days or the bombs will fall, but just before that all-competing explosion, it will be the skin offering up its name until it dies. It doesn't matter if it seems like the opposite.

Stones, tickets, soccer goals. Human skin covers everything.

That's why my father's hands, now that he's aging, are tormented. They stiffen until the tendons become immobilized.

As I watch him fall into another time he becomes a bare block of concrete. The houses he has constructed, the time he has put up, the goods and roads he has built will outlast him because he has given his heart to that inflexible and unyielding task. He has donated his light, his consistency.

He has kept nothing for himself. No little shiny coin forgotten in his pockets.

The stone, in return, will offer him its immobility, the noble territory of the absent.

That's why I know–it doesn't matter if it seems like the opposite–that when his broken, incomplete and beautiful hands become just ashlars for the air, they will form mortar and joinery.

Index in which oxygen settles.

Father stone that has founded everything. Geology and song of the knuckles.

IX

Lópezz, hijo de Lope, hijo de lobo

IX

Lópe z, Son Of Lope, Son Of Wolf

López, hijo de Lope, hijo de lobo.

Camada de palabras en la boca. La madre las arrastra por el cuello, protege en la piedad de sus colmillos cada cría que nace hacia lo oscuro.

Lobeznos cuya piel, también oscura, señala que aún son tránsito y progenie.

Cuando nacen, sordos y ciegos durante muchos días sólo intuirán el cuerpo de la madre, la tibia exhalación de sus mamas agrestes. Corre un hilo muy blanco por su hocico. El mismo que alimentó a Rómulo y Remo. El que fundó después Roma la eterna. Todas nuestras ciudades erigidas sobre esa leche montaraz y sorda.

Plazuelas y estaciones de tren que chapotean, sin saberlo, en el líquido indómito que brotó de madre. Luego Remo lo teñirá de rojo cuando sea asesinado por su hermano.

El fratricidio mancha los días, las glorietas, los obtusos semáforos que gesticulan en la noche temible de la sangre. ¿Dónde está tu hermano?, le pregunta la loba a cada hijo.

Pero ahora, cuando las palabras son todavía muy niñas, en la extrema piedad de lo salvaje sólo un líquido blanco moja el mundo.

De las mamas dolidas y valientes surge la llamada a alzarse sobre el suelo, a ser lobatos.

*

López, son of Lope, son of wolf.

Litter of words in the mouth. The mother drags them by the neck, protects each pup born towards darkness in the mercy of her fangs.

Cubs whose skin, also dark, shows that they are still transit and progeny.

When they are born, deaf and blind for so many days they will only sense their mother's body, the warm exhalation of her agrestic breasts. So white a white thread seeps down their muzzle. The same that fed Romulus and Remus. The one who later founded eternal Rome. All our cities erected on that wild, deaf milk.

Small squares and train stations that splash, unaware, in the untamed liquid that sprouted from mother. Then, when killed by his brother, Remo will dye it red.

Fratricide stains the days, traffic circles, obtuse traffic lights that gesticulate in the fearful night of blood. Where is your brother, the she-wolf asks each son.

But now, when words are still so young, in the extreme mercy of the wild, only a white liquid wets the world.

From the hurt and courageous breasts the call to rise surges up, the call to be wolf-cubs. The dental pieces will then come and

Vendrán las piezas dentales a colmar a cada cría. Le enseñarán el rumbo de la caza. El perfume sangriento de vivir.

Cuando dejan la cueva de la boca no olvidan su patronímico, su condición audaz de brote y descendencia en relación con la camada y con la especie. Llevan su apellido en la cerviz, animales domésticos de pronto, sometidos por esas palabritas a la deuda imperiosa de su clan. Perfectos alfiles del tablero, piezas para el servicio del señor que, tras la levita azul de los domingos, no olvidan que en su origen fueron lobos.

Canis lupus.

Parientes del aullido de la noche bajo la tosca malla de metal. Cubiertos con chapa repujada, adorna su violencia el guantelete, el yelmo, el ristre, la armadura. Gritan como animales acosados. El caballo cae vencido contra el suelo.

Sin embargo nada dura la roja euforia de contemplar a Remo vencido contra el suelo. Hombre y presa bajo la misma piel. Quien hoy venció es mañana derrotado. Se nubla la memoria del combate.

En el furor extremo de la Historia sólo brilla la primera dentición, vagido de la vida que no tiembla. A los pechos de loba se dirige, a su reguero blanco, a su osadía.

Cuando llega la noche y tengo miedo, reconozco en mi nuca la correa con la que estoy atada al apellido. Pero en la sombra suenan mis hermanas. Su aullido me permite levantarme de mi propia estatura, de la legislación de lo real. Casi a tientas, entonces, sacudo mi pelaje y, olisqueando la leche, subo a madre. A la inocencia extrema en sus colmillos y el fervor derramado de la luz.

pack each pup. They will show them the course of the hunt. The bloody perfume of living.

When they leave the cave of the mouth they don't forget their patronymic, their audacious condition of budding and offspring in relation to the litter and to the species. They carry their surname at their nape, suddenly domestic animals subjected by those trivial words to the imperious debt of their clan. Perfect bishops on the chessboard, pieces at the service of the lord who, behind the blue frock of Sunday, do not forget that they were once wolves.

Canis lupus.

Relatives of night howl under the coarse metal mesh. Covered by an embossed metal plating, the glovelet, the yelm, the lance rest, the armor adorn their violence. They scream like harassed animals. The horse falls defeated to the ground.

And yet nothing outlasts the red euphoria of watching Remo lying beaten on the ground. Man and prey beneath the same skin. Who won today will be defeated tomorrow. The memory of combat is clouded.

In the extreme fury of History only the first dentition shines, cry of the unshaken life. It addresses the wolf's breasts, her white streak, her boldness.

When night comes and I am scared I feel on my nape the leash that ties me to my family name. But in the shadows I hear my sisters. Their howl allows me to rise from my own stature, from the legislation of what is real. Almost gropingly then, I shake out my fur and, sniffing the milk, climb up to my mother. To the extreme innocence in her fangs and the outpoured fervor of light.

X

¿EN QUÉ MOMENTO SE ADHIERE LA MANZANA A SU COLOR?

X

At What Point Does The Apple Hold On To Its Color?

*

¿En qué momento se adhiere la manzana a su color? ¿Nace desnuda y ardiendo de frío? ¿Albina? ¿Perseguida por el miedo cerval a lo que no conoce?

Después se acercarán a ella, cortejándola, los tonos rojizos y verdes con que las vemos sobre la bandeja plastificada de los días muy grises, cuando apretamos el paso en los centros comerciales. Han de sentirse desnudas y codiciadas mientras los colores se excitan en la labor de envolverlas con su esperma de luz. Longitudes de onda en que el deseo alcanza la retina. Visible la lengua que las cubre.

Cuando muerdo una de ellas sin pensarlo, cuando clavo los incisivos sobre su carne perfumada también yo participo del mismo ceremonial, como si se entregase a nosotros no sólo cada molécula sino el conjunto que ha elegido esa precaria perfección.

Manzana que alberga dentro galaxias y vacío. Nada le interesa el relato del Génesis, sólo la neutra confianza de ser siendo, su existencia independiente como unidad morfológica y funcional. ¿En cuál de estas palabras se desata el sabor? ¿Las semillas oscuras que protegen la serie ininterrumpida de nuevas manzanas, brotando de la que muerdo?

*

At what point does the apple hold on to its color? Is it born naked and burning with cold? Albino? Persecuted by the cervical fear of what it does not know?

Later, the reddish and green tones that we see on the laminated plastic tray of the very gray days, when we hurry through the shopping centers, will approach it, courting it.

They must feel naked and lusted after as the colors become excited, devoted to engulf them in their sperm of light. Wavelengths in which desire reaches the retina. Visible the tongue that covers them.

When I bite into one without thinking, when I sink my incisors into its perfumed flesh, I also participate in the same ceremony, as if not only each molecule but the whole that has chosen that precarious perfection were giving themselves to us.

Apple that harbors galaxies and void inside. Uninterested in the Genesis, only cares for the neutral confidence of beingness, for its independent existence as a morphological and functional unity. In which of these words is flavor unleashed? The dark seeds protecting the unbroken series of new apples, sprouting from the one I bite into?

Madre de toda una estirpe, gira sobre su eje, su rabillo, el pedúnculo con el que el árbol la amó hasta la insensatez.

En los puñalitos blancos de mi boca también aguarda ansioso el empuje primero de la vida, su condición ensangrentada y cardinal porque morder es unirse a aquello que ingresa en nuestra boca, de igual modo que cuando te beso con toda la impaciencia y cierro los ojos para no ver sino dentro de tu cuerpo, retornan a mí el agua del Tigris y del Éufrates, la marea detenida del Mar Rojo ante la que se encuentran los seiscientos carros de Egipto cuando intentan cruzarlo y lo bautizan violentamente, Finisterre entregando la imaginación del Atlántico a la tierra que concluye, las olas que rompen en el muelle de Palos por el castigo de cifrar la riqueza del oro y de la harina en la boca oscurísima del océano... Desde ella están mirándome mis antepasados atados a la tráquea de la ballena de Jonás como si fuese el palo mayor en que los crucificara el hambre.

Terror en la noche de la especie para volverse tiempo que llega hasta mí. Pero también, cuando el cetáceo expulsa su sombra abisal y continúa en la felicidad del movimiento, espiráculo de luz y de energía.

No he olvidado que estaba besándote para desaparecer en tu vientre, en las algas marinas de tu sexo mientras tú me mordías donde brota el color que nos empapa.

¿Por qué entonces el agua es transparente? ¿Ha sido derrotada en la aventura de la piel? ¿No hay amor suficiente para sus labios sin labios, su imagen fantasma, la lluvia que deshace el yeso, el grafito y las motas de oscuridad sobre la sábana del día? Oleaje y espuma hacia tu lengua.

Cuando bebes tiñes el agua con tu cuerpo, con tu exacta y carnal precariedad.

Oh amor que todo lo asperjas y amaneces.

con Miquel Barceló
y José Emilio Pacheco

Mother of a whole lineage, turns on its axis, its stem, the peduncle through which the tree loved it to the point of senselessness.

Also yearning in the little white daggers of my mouth, the first thrust of life, its bloody and cardinal condition; because to bite is to join that which enters our mouth, just as when I kiss you with all my impatience and close my eyes to see only inside your body, the water of the Tigris and the Euphrates return to me, the held-back tide of the Red Sea before which the six hundred chariots of Egypt find themselves when they try to cross it and violently baptize it, Finisterre offering the imagination of the Atlantic to land's end, the waves that break on the pier of Palos for the punishment of ciphering the wealth of gold and flour in the darkest mouth of the ocean.... From there my ancestors are looking at me, tied to the blowhole of Jonah's whale as if it were the main post on which hunger crucified them.

Terror in the night of the species turning into the time that reaches me. But also, when the cetacean expels its abyssal shadow and continues in the bliss of movement, a spiracle of light and energy.

I haven't forgotten that I was kissing you so I could disappear in your belly, in the seaweed of your sex while you bit me right where the color that soaks us blossoms.

Why then is water transparent? Has it been defeated in skin's adventure? Is there not love enough for its lips without lips, its ghost image, the rain that dissolves the plaster, the graphite and the specks of darkness on the sheet of the day? Swell and foam flooding over your tongue.

When you drink you stain the water with your body, with your exact and carnal precariousness.

Oh all-sprinkling, all-dawning love.

with Miquel Barceló
and José Emilio Pacheco

67

XI

En el ojo sin párpado del pez

XI

In The Lidless Eye Of The Fish

En el ojo sin párpado del pez, día y noche son sólo un adjetivo, un globo acuoso y blanco que no gira. Tan sólo cs la pupila la que late: registra la convicción del agua ante la boca, el esplendor en cada especie –todas inauditas, todas ellas tocadas por la gracia y la depredación–, el movimiento de las escamas hacia su correlato en el territorio del aquí.

Nada hay de bodegón en el aleteo permanente de las branquias y su feliz exigencia vuelta oxígeno. Lo blando recubre las hendiduras faríngeas de los peces pero respiran en la extrema exactitud: apertura y cierre de la boca que nombramos pleamar o bajamar.

Ante el ojo que todo lo registra pasan lentos barcos de carga, petroleros muy sucios y lanchas de narcotraficantes que trastornan el sueño infantil de las sardinas. Pasan también, crujiendo, pateras agobiadas por su peso inhumano.

De ellas (de las pesadillas, las pateras) caen cuerpos al agua que exhiben, boqueando, un leve rastro de espuma parecido al de la tabla que no quiere terminar de sumergirse.

Avanzan las anclas gritando de óxido mientras sus pies tropiezan en la transparencia sigilosa de medusas y plástico. Y en medio, la luz arrebatada.

*

In the lidless eye of the fish, day and night are just an adjective, a watery, white, unturning globe. It is only the pupil that beats: it detects the conviction of the water before the mouth, the splendor in each species—all of them unprecedented, all of them touched by grace and predation—the movement of the scales towards their correlate in the territory of the here.

There is nothing still-life in the permanent fluttering of its gills and its happy demand for oxygen. What is soft covers the pharyngeal clefts of fish but they breathe in extreme precision: the opening and closing of the mouth that we call high tide or low tide.

In front of the all-seeing eye pass slow cargo ships, filthy oil tankers and drug traffickers' boats that disturb the infantile sleep of the sardines. Also pass by, creaking, the frail boats overwhelmed by their inhuman weight.

From them (from the nightmares, the unsafe boats) fall into the water bodies that show, gasping, a faint trail of foam like that of the resilient plank reluctant to finally sink.

Screaming with rust, the anchors advance as their footing stumbles in the stealthy transparency of jellyfish and plastic. And inside it all, raptured light.

La luz que a nada teme, la que se impacienta ante el reflejo azulado que todo lo convoca y tampoco cede a la fragilidad. ¿Cómo puede tenderse de este modo hacia la plenitud?

Bajamos boqueando y ella sigue ahí, sin ceder un milímetro, tiñéndolo todo de su energía translúcida mientras la arena cae hacia el fondo de la página para luego levantarse y volver a caer, al menos dos veces cada día en eso que se llama, no sin ampulosidad, fuerza gravitatoria.

¿Es Sísifo una criatura de agua sin saberlo? ¿Otro pez atado al peso de la carnaza y de la luz?

Cuando sube y baja con sus minúsculas porciones de arena molida, ¿es él también un hijo de la gravitación y las mareas? ¿Su desolación la periodicidad?

En el abajo, en ese abajo, mis pulmones se llenan de agua y creo morir, pero recuerdo de pronto que en la boca de Krishna cielo y mar son iguales, dos espacios perfectos que todo lo acompasan.

Necesito morder tierra y levantarme de esta superficie idéntica a sí misma, yo que soy diferente incluso en las uñas más remotas de los pies y sufro el castigo de empujar la arena cada día hasta verla caer contra la playa, pero entonces la luz es una boca en la que entro despacio a desovar…

¿Acaso se preguntó Sísifo alguna vez por sus crías? ¿Si era ovíparo o vivíparo, como tantos tipos distintos de peces? ¿Si soltaba perlitas de luz –óvulos de agua entregados al agua– o crías diminutas sorprendentemente parecidas a sus progenitores, ya trabadas al pillaje y la belleza?

¿Y aquellos que incuban a sus hijos en la boca? Quien cuida ese tesoro valiosísimo no ingiere alimento hasta que cada uno de ellos se abre.

¿De qué dios surgen cielo y mar, su azul confuso? Pez palabra saliendo de mi boca.

The light that fears nothing, that grows impatient facing the bluish reflection that summons everything and does not yield to fragility. How can it expand towards plenitude in such a way?

We gasp as we descend and it is still there, without yielding an inch, dyeing everything with its translucent energy while the sand falls to the bottom of the page to then rise and fall again, at least twice a day in what is called, not without fanfare, gravitational force.

Is Sisyphus a water creature without knowing it? Another fish bound to the weight of bait and light?

When he rises and falls with his tiny portions of ground sand, is he also offspring of gravitation and tides? His desolation periodicity?

In the below, in that below, my lungs fill with water and I think I am dying, but I suddenly remember that in Krishna's mouth the sky and the sea are one and the same, two perfect spaces that encompass it all.

I need to chew earth and rise from this surface identical to itself, I who am different even in the most remote toenails and suffer the punishment of pushing the sand every day until I see it fall against the beach, but then the light is a mouth into which I slowly enter to spawn....

Did Sisyphus ever wonder about his offspring? If it was oviparous or viviparous, like so many different types of fish? If he released little pearls of light–water eggs delivered to the water –or tiny offspring strikingly resembling their progenitors, already bound to plunder and beauty?

What about those who incubate their young in their mouths? Whoever takes care of this priceless treasure will not ingest food until each one of them has hatched.

From what god do sky and sea, their confused blue, emerge? Fish, word coming out of my mouth.

Pareciera que sólo nos sostienen las corrientes pero también el pez se reconoce en su apellido, incluso sabiéndose disímil a cada uno en las diez mil millones de toneladas de otros como él.

¿Importa si alguna vez se soñó unigénito? La angustia le pertenece de modo total en cada fosa que se abre en la noche, a él que es hijo del luto y del lenguaje pero bracea en las palabras (hermosas, depredadoras) como en una pecera cuya pupila todo lo registra.

Su nombre es Pedro, el pescador de peces y de cruces. Ni Sísifo ni Krishna sino Pedro, padre de quienes forcejean, boqueando, en la red.

Anagrama que nada hasta morir.

Escama del idioma, anzuelo vivo.

It would seem that only the currents sustain us, but the fish also recognizes itself in its surname, knowing even that it is unlike any other in the ten billion tons of others like him.

Does it matter if he ever dreamed of being an only son? Anguish is completely his in every pit that opens in the night, him, who is the son of mourning and language but swims hand over hand in words (beautiful, predatory) like in a fishbowl whose pupil captures it all.

His name is Peter, the fisherman of fish and crosses. Not Sisyphus nor Krishna but Peter, father of those who struggle, gasping, in the net.

Anagram that swims to death.

Scale of language, living hook.

XII

Estruendoso zumbido de lo real

XII

THUNDERING THRUM OF WHAT IS REAL

*

Estruendoso zumbido de lo real. Y sin embargo, nada sé de las avispas.

¿Hasta dónde alcanzan sus obligaciones con el nido?

¿Acaso pueden zafarse de la tarea prioritaria de desconocer la muerte? ¿No les preocupa saberse deudoras del verano y sus diosecillos rencorosos?

Lanzadas hacia la luz y la avidez, obedecen el mandato de los días. Asisten a su escuela de calor.

Algunas son hermanas entre sí y se abrazan en la noche porque temen la sombra. Con las seis patas que entrega cada una, forman un estrecho círculo de tiza del que sólo podrán salir al mismo tiempo. No es posible pensar sino en el todo, en su sustancia algo viscosa y primordial que sostiene encendida la mañana: hasta cinco mil piecitas de ámbar impacientes acercan todo el sol al avispero.

Otras son solitarias como yo que me aferro temblando a mis dos patas.

Tampoco sé de su apetito, de su organización territorial o sus banderas. Ni siquiera si se excitan cuando lamen el miedo.

Me pregunto si en sus pesadillas hay también un caballo ensangrentado.

*

Thundering thrum of what is real. And yet, I know nothing about wasps.

How far do their obligations to the nest reach?

Can they escape the urgent task of disregarding death? Aren't they concerned about being indebted to summer and its spiteful little gods?

Flung towards light and greed, they obey the mandate of days. They attend their school of heat.

Some are each other's sisters and embrace at night because they fear the shadow. Each of them offers their six legs and forms a narrow circle of chalk from which they will only be able to exit if they exit together? Only wholeness can be conceived, the somewhat viscous and primordial substance that keeps the morning aflame: up to five thousand impatient little amber parts bringing the entire sun closer to the hornet's nest.

Others are lonely like me who, trembling, cling to my own two legs.

Nor do I know anything about their appetite, their territorial organization or their flags. Not even if they get excited when they lick at their fear.

I wonder if, in their nightmares, there is also a bloody horse.

Cuando despierto estoy empapada en esa sangre. Mana de mi centro y sube a la raíz, donde el pelo se adentra en lo invisible. Incluso encharca todo el arco de la frente.

Desesperada, agito los brazos hacia lo alto izando una bandera blanca que tampoco se ve y cuyas raíces terminan perdiéndose en el aire. Intento gritar pero no puedo y sólo se oye un disturbio de baja intensidad, un rumor calcinado en el oído.

Las avispas conversan con vocablos blanduzcos. En el fragor de sus tareas, tal vez dicen: esto está demoliéndose, el ala oeste ha sido arrasada, en la noche de San Juan entregaré la pulpa y los atajos a la palabra *patria*, ese avispero…

Arrancan descargas de fulgor y se entregan sin miedo a la energía en la que reverbera lo real. Para ellas, las celdillas son cobijo, son argumento afin, son arrebujo que permite a las larvas crecer hacia la luz.

Nada sé de su talle, su desdén o su desoladora adolescencia. Ni del modo en que se enamoran de los caballos hasta hacerlos morir contra mi boca.

Cuando acerco la mano hasta las crines también soy devorada por mi propio aguijón.

When I wake up I am soaked in that blood. It pours from my core and rises to the root, where hair penetrates the invisible. It even swamps the entire arch of my forehead.

In despair, I wave my arms high above me raising a white flag that can't be seen and whose roots end up disappearing in the air. I try to shout but I can't and only a low-intensity disturbance can be heard, a charred murmur in my ear.

The wasps converse with softish words. In the clamor of their tasks, perhaps they say: this is being demolished, one wing has been razed, on the eve of San Juan I will deliver the pulp and the shortest ways to the word *homeland*, that hornet's nest....

They spark discharges of glare and fearlessly give themselves to the energy where what is real reverberates. For them, cells are shelter, they are kindred reasoning, they are a huddle that allows larvae to grow towards the light.

I know nothing of their waistlines, their disdain or their bleak adolescence. Nothing of the way they fall in love with horses and make them die upon my mouth.

When I reach my hand out to the mane, I am also devoured by my own sting.

XIII

EN LA LOMBRIZ DE TIERRA, NADA ES TIERRA

XIII

Inside The Earthworm, Nothing Is Earth

*

En la lombriz de tierra, nada es tierra. ¿Acaso a ella le importa su apellido? ¿La prudente certeza de las taxonomías? ¿La sucesión arbórea de nombres en latín que hunden sus raíces en la tierra más blanda?

Cuando se mueve, avanza en lo invisible. Anélido vibrante, conjetura, coágulo de tiempo entre lo oscuro. Su traslación es blanda y sinuosa, no acepta ni la línea ni el triángulo ni ningún mecanismo de lo rígido. No puede imaginar que otras especies reñimos violentamente con nuestros huesos. Que los soportamos con la resignada obstinación de quien carga todo el peso de la ley.

En el dócil cilindro de su cuerpo, entra y sale la tierra sin parar. Pero en ella hay tan sólo ondulación. La insólita respuesta a los cambios de luz. El flujo en que persigue su deseo como si fuera un pez brillante bajo el agua al que no puede ver ni atrapar con las manos.

Sin embargo no siente ninguna desazón. En ella nunca cabe la sospecha, sólo el tenaz empuje de lo vivo hacia todas las formas de lo vivo, la ebullición inquieta en lo ilegible.

Cuando baja hasta el mundo sin temor, ¿tropieza con la sangre derramada? Por ejemplo en Magenta o Nagasaki, en El Cairo y Alepo, en Srebrenica, ¿se empapa, pegajosa, de esa sangre? ¿De su

*

Inside the earthworm, nothing is earth. Does she care about her name? Or the prudent certainty of taxonomies? The arboreal succession of Latin names that sink their roots into the softest earth?

When she moves, she advances into the invisible. Vibrating annelid, conjecture, clot of time surrounded by darkness. Her translation is soft and sinuous, accepting neither line nor triangle nor any mechanism of the rigid. She cannot imagine that species like us quarrel with our bones so violently. That we endure them with the resigned obstinacy of those who carry the full weight of the law.

In her body's docile cylinder, earth flows endlessly in and out. But there is only undulation in her. The extraordinary response to changes in light. The flow in which she pursues her desire as if it were a shiny fish beneath the water that she can neither see nor catch with her hands.

And yet she does not feel any discontent. There is never any room for suspicion in her, only the tenacious thrust of the living towards all the forms of what is alive, the restless ebullition in what is unreadable.

When she descends fearlessly to the world, does she stumble over spilled blood? In Magenta or Nagasaki for example, in Cairo

alarido hirviente? ¿Del cauce enardecido con que el odio moja la piel oscura de los campos como ácido que mana sin ceder? ¿También de las ciudades, que se hincan de rodillas sobre sus edificios más humildes?

Cuando entran en el mundo sin temor, las lombrices conocen lo baldío, lo seco, lo atrapado en la intemperie. Pese a ello, descienden a la luz. Bajan por ascensores de cristal en los que entra pastoso el territorio y trasladan la dicha a todas partes. Sacramento y unción de la materia.

Después serán tomadas como cebo. Igual personas, campos y ciudades servirán como cebo y como espita. Agitarán temblando su temor en la boca arrasada de la muerte.

Pero antes, siempre antes de ese instante, es suya la hipótesis feliz de los anillos que unen cada parte de su cuerpo como se une el todo con el todo. Por eso conspiran y eclosionan hacia el barro, la tierra primordial. Por eso no aceptan venir hasta aquí y convertirse en línea y armazón, en verso empobrecido de esta página.

¿Cómo haré para entrar en su abandono, en la respiración concéntrica de lo que no se sabe?

Eslabón prodigioso en lo fugaz.

La alegría, impasible, invertebrada.

con Claudio Rodríguez

and Aleppo, in Srebrenica, does she soak, sticky, in that blood? In that boiling scream? In the raging channel where hate wets the dark skin of the fields like acid that gushes relentlessly? And in the cities, which kneel on their knees over their most humble buildings?

When they enter the world fearlessly, earthworms know what is wasteland, what is dry, what is trapped in the open. Despite this, they descend into the light. They descend in glass elevators where muddy terrain enters and they spread bliss everywhere. Sacrament and anointing of matter.

Then they will be used as bait. Likewise, people, fields and cities will be used as bait and as spigots. They will shake, their fear trembling in the ravaged mouth of death.

But before, always before that instant, theirs is the happy hypothesis of the rings joining each part of their body like the whole is united with the whole itself. That is why they conspire and hatch into the mud, the primordial earth. That is why they do not agree to come here and become line and frame, impoverished verse on this page.

How will I enter their abandonment, their concentric breathing of what is not known?

Prodigious link in the fleeting.

Joy, impassive, invertebrate.

with Claudio Rodríguez

XIV

EL FUEGO ALGUNA VEZ FUE UN ANIMAL

XIV

Fire Was Once An Animal

*

El fuego alguna vez fue un animal. Un músculo violento que saltaba abrazando cada hoja. Un lengüetazo extremo de calor en la altura voluble del bejuco. La imperiosa fricción de lo invisible con los órganos blandos de la luz, como boca que todo lo mordiese. Para atraparla hay lanzas, alaridos y el estupor que nunca dimite de sí.
Hay sangre entre los huesos y las hachas.
Se movilizan piedras y animales, estirpes y cuchillos hacia la cacería de lo incierto.
Pero ¿quién es quien domestica a quién? ¿A quién le pertenece ese fluido? Espécimen borrado por la lluvia, por la memoria húmeda del mundo, es también su raíz y su inocencia. No es cierto que ya esté domesticado. Siempre somos su piel y su carnaza.

El fuego alguna vez fue un animal. Hoy es tigre y es cueva, es tiempo y es techumbre, la escisión de lo denso y ligero en dos mitades que luego se besan y derrochan.
Le entregaremos lo que acaso fuimos: las largas ceremonias de los bosques en su ritual de nudos y de tallos, la cicatriz del viento,

*

Fire was once an animal. A violent muscle that leapt and em-
braced each leaf. An extreme long lick of heat in the fickle height
of the creeper vine. The imperious friction between the invisible
and the soft organs of light, like an all-biting mouth.

To catch it there are spears, shrills and the stupor that never
gives up on itself.

There is blood between the bones and the axes.

Stones and animals, lineages and knives move towards the
hunt of the uncertain.

But who is the one who domesticates whom? Who does
that fluid belong to? Specimen erased by rain, by the world's
wet memory, is also its root and its innocence. It is not true
that it has already been tamed. We are always its skin and
its bait.

Fire was once an animal. Today it is tiger and it is cave, it is time
and it is roofing, the splitting of what is dense and what is light
into two halves that then kiss and lavish.

We will give it what we barely were: the long ceremonies of the
forests in their ritual of knots and stems, the scar of the wind, the

la ceniza, el pánico de las muchachas que caminan solas en la noche, la infancia con su escritura de humo. Y nosotros ardiendo en esa pira, ¿seríamos también un alfabeto roto? ¿Caligrafía impropia y displicente? Pero decir *nosotros* es pensar en ¿qué?, en ¿quiénes? ¿Las viudas del ritual sati, en el norte de la India, que se ofrecen a las mismas llamas de las que brotó la unción animal con el esposo? ¿Los que arrojan en la noche de San Juan hasta la última rama del olvido? ¿Los que soplan las brasas de los basureros y golpean sus dientes contra lo tumefacto por si de ellos rezuma un grumo intestinal? ¿Los que queman banderas ante las embajadas y luego creen que un colibrí bebe en su pecho? ¿Los que se apellidan Ramos y saben que habrán de entregarse a cada hoguera? Entonces alguien te regala otro apellido. Si has quedado tan huérfano, podrían entregarte otro cualquiera: Escudero, Expósito o Vasallo. Tal vez Lerner, el que vino de muy lejos. El médico inglés James Parkinson también puede regalarte el suyo. Pedirás, con angustia, con los brazos atados a la enfermedad, que te devuelvan quien habías sido: una ramita verde de avellano que sólo conocía lo flexible. Pero antes o después, todos los nombres bajan hasta el fuego. Bajan las lanzas, las manos perfumadas de resina, los códices que Diego de Landa quemó en Yucatán, la Biblioteca de Alejandría con su despiadado recuento de volúmenes perdidos y el año 33 en la Plaza de la Ópera en Berlín (quemar cuerpos y libros termina pareciéndose, alguna vez el fuego fue un cuerpo insólito, como el de un animal).

Sin embargo, contra todo pronóstico, contra la ignición del todo y de sus partes, alfabeto y fulgor también se funden en la abrasada extensión de los campos para que en los brotes vuelva a inventarse el nitrógeno, la estampida, la unión de lo vivo y lo muerto que se muerden, se succionan, se enlazan como si no hubiera entre ellos nada más que el amor. Su combustión.

ash, the panic of girls walking alone at night, childhood with its writing in smoke.

And us burning on that pyre, would we also be a broken alphabet? Improper and dismissive handwriting?

But to say *us* is to think about what? Think of whom? The widows of the sati ritual, in northern India, who offer themselves to the same flames from which once sprang the primal anointing with their husbands? Those who throw every last branch of oblivion onto the fire of St. John's Eve? Those who stoke the embers in the garbage dumpsters and strike their teeth against the tumescent in case an intestinal lump oozes out of them? Those who burn flags in front of embassies and then believe that a hummingbird drinks from their chest? Those whose surname is Ramos and know a branch is inside their name and must sacrifice themselves to every bonfire? Then someone gives you another surname. If you have become such an orphan, anyone could give you any other: Escudero, Expósito or Vasallo. Maybe Lerner, the one who came from far away. The English physician James Parkinson can also give you his. You will ask, in despair, with your arms laden with sickness, to be given back who you were: a green twig of hazel that knew only how to be flexible. But sooner or later, all names descend to fire. Spears descend, the resin-scented hands, the codices that Diego de Landa burned in Yucatán, the Library of Alexandria with its ruthless recount of lost volumes and the year 1933 in Berlin›s Opera Square (burning bodies and books end up looking alike, once upon a time fire was an unusual body, like the body of an animal).

Nevertheless, against all odds, against the ignition of the whole and its parts, alphabet and glow also merge in the scorched extension of the fields so that nitrogen is invented again in plant buds, the stampede, the union of the living and the dead that bite each other, suck each other, entwine with each other as if there were nothing between them but love. Its combustion.

XV

¿Y SI ERES NADIE?

XV

WHAT IF YOU ARE NOBODY?

*

¿Y si eres nadie?

Miras dentro de ti y sólo hay un inmenso páramo en el que nada se oye. Ni siquiera la respiración agitada en el incendio de aquello que fuiste. ¿Adónde irás cargando tu vacío? Nada pesa lo que no tienes, pero no hay ligereza posible para ti porque el vacío te arrastra hacia sus pies. Ha arrasado con toda la flora, los días sin viento, las reservas de agua y de pardales. Quedan muchos más pájaros atrapados contra las vallas: vencejos, cormoranes, petirrojos. Un viejísimo albatros sacude su cabeza como si se hubiera atragantado con un mal verso. Entre ellos se disputan las raspas del sol y todos los poemas sobre ruiseñores o palomas que han sido capaces de digerir. Disputan también con quienes han quedado crucificados contra esas vallas, atrapados en la larga migración del hambre, de la guerra. Y mientras, tú sobre tu páramo vacío.

Te asomas con miedo al brocal de la boca y sólo se ve un espejo negro que parece saludarte desde el fondo. También alguna mano de gente difusa tras tantas pantallas entreabiertas. Nada se oye sino la frugalidad de la desgana.

A lo lejos, tal vez el agua pida que abras la puerta de tu cuerpo.

*

What if you are nobody?

You look inside yourself and there is only a vast wasteland where nothing can be heard. Not even the agitated breathing in the fire of what you were. Where will you go carrying your own emptiness?

What you do not have weighs nothing, but there is no possible lightness for you because the emptiness drags you to its feet. It has wiped out all the flora, the windless days, reserves of water and linnets. Many more birds remain trapped against the fences: swifts, cormorants, robins. A very old albatross shakes its head as if it had choked on a bad line of poetry. They fight over scraps of the sun and all the poems about nightingales or doves that they have been able to digest. They also argue with those who have been crucified along those fences, trapped in the long migration of hunger, of war. Meanwhile, you upon your barren plain.

You peek fearfully into the mouth's rim and all there is is a black mirror that seems to greet you from down below. Also some people's hands blurred behind so many half-open screens. Nothing is heard but the frugality of ennui.

In the distance, the water might ask you to open the door of your body.

¿O vas a conformarte con ser páramo? ¿Eriazo que no habilitan las hormigas? ¿Pedregal que golpea con su sed?

¿Y si nadie somos todos? Pájaro perro, pájaro persona, población y polluelo enardecido. ¿Qué harás en el tránsito de las taxonomías?

En ti están los cien mil caracteres hereditarios que te atan dulcemente a los demás, los tres mil millones de letras del genoma humano que has aprendido sin esfuerzo y silbas con felicidad al levantarte, veinticuatro de los noventa elementos químicos, todas las maletas que quedan extraviadas frente a las aduanas y las noches de Ítaca y Caronte.

En ti, partículas lejanísimas de estrellas y otros parientes, piedras, peces, patronímicos, banderas deslucidas y otros trapos del dolor. Incluso meteoros en el festejo de la luz.

Todos ellos te bendicen y completan.

Bendicen cada una de las capas freáticas que alimentas con tu desesperación y tu amor radical a esta extrañeza que llamaron vivir, estar viviendo.

Porque tú no eres suficiente para ti.

Desconoces quién eres y no importa.

De pronto apremian la vida y los tendones. De pronto estallan granos rojísimos de luz sobre la superficie torpe de tu lengua. Algunos estorninos los disputan y te besan con su canción de alambre.

¿Cómo dejar entonces que el día colisione? ¿Que haya personas aparcadas como muebles mientras viajan las mesas en primera?

Alguna vez recibiste en herencia un baúl y una silla de esparto pero hoy todo ha sido arrasado en el fuego, hasta el flequillo que desordenó los días y la expiación y nota a lápiz del convenio laboral, mientras hay personas aparcadas como muebles y están dentro de ti, son tu apellido. Con el agua que mana de sus letras humedeces tu frente y te levantas.

con Fernando Pessoa
y Antonio Machado

Or are you going to settle for being a barren plain? Wasteland that ants do not look after? Stony field pulsating in its thirst?

What if no one is each one of us? Dog bird, person bird, population and flaming fledgling. What will you do in the transit of taxonomies?

In you are the hundred thousand hereditary characters that sweetly bind you to others, the three billion letters of the human genome that you have learned without effort and whistle blissfully when you wake up, twenty-four of the ninety chemical elements, all the suitcases that get lost in front of customs and the nights of Ithaca and Charon.

In you, distant particles of stars and other relatives, stones, fish, patronymics, tarnished flags and other rags of pain. Even meteors in the celebration of light.

They all bless you and complete you.

They bless each of the water tables that you feed with your desperation and your radical love for this strangeness that they called living, to be living.

Because you are not enough for yourself.

You do not know who you are and it does not matter.

Suddenly, life and sinews oblige. Suddenly deep-red grains of light burst on the clumsy surface of your tongue. Some starlings squabble over them and kiss you with their wiry song.

How then to let the day collide? To let people be motionless like furniture while tables travel in first class?

You once inherited a trunk and a wicker chair but today everything has been swept away in the fire, even the fringe that disordered the days and the atonement and penciled note about the labor agreement, while there are people motionless like furniture and they are inside you, they are your last surname. With the water that flows from its letters you moisten your forehead and rise.

with Fernando Pessoa
and Antonio Machado

Días, Doblaje, Dedicatorias

Days, Dubbing, Dedications

¿Quién crees que eres yo? es el título de un libro de María Ángeles Maeso

«La piedra me regala su apellido» es *para José Ben-kotel Paredes, que tanto sabe de piedras y apellidos*

«En la lombriz de tierra» está escrito *con Claudio Rodríguez, a quien agradezco que no se canse de venir* y dedicado *a Amelia Gamoneda, que llegó de su mano y era niña*

«El fuego alguna vez fue un animal» es *para Elisa Lerner, tan cercana*

«Y si eres nadie» está dedicado *a Víktor Gómez en este aquí*

A quienes me han alentado a escribir *con* ellos, en una tarea de expansión y apertura, *el siempre gracias*

A mis padres, las piedras, *siempre gracias*

Who do you think are I? is the title of a book by María Ángeles Maeso

"The stone gives me its last name" *is for José Ben-kotel Paredes, who knows so much about stones and surnames*

"Inside the earthworm…" is written *with Claudio Rodríguez, to whom I am grateful for not getting tired of coming around* and dedicated *to Amelia Gamoneda, who came holding his hand when she was a child*

"Fire was once an animal" *is for Elisa Lerner, so dear*

"What if you are nobody" is dedicated *to Víktor Gómez in this here*

To those who have encouraged me to write *with* them, in a task of expansion and openness, *thank you always*

To my parents, the stones, *thank you always*

Epílogo

Epilogue

Poética de la conjugación

Incendio mineral, de María Ángeles Pérez López

Me pregunto por una imagen totalizadora de la escritura de María Ángeles Pérez López, por un centro de permanencia y de irradiación en su poética. Hasta ahora no lo había necesitado, el disfrute y la recepción de cada uno de sus libros como una propuesta que siempre me interpela eran una promesa felizmente renovada a lo largo de los años. Pero escribir sobre alguien que escribe requiere de este anclaje enfocado en lo sustancial. Por tanto, ¿qué querencia, objetivo, forma de la inteligencia, del deseo y de la desdicha presiden su escritura? Hablaría, sin duda, de una necesidad hermosísima y muy fértil de conjugarse en los demás, sean personas, objetos, lugares, sucesos, esplendor o violencias del Mundo. Digo entonces, Poética de la conjugación, y paso a explicarme.

Poetics of Conjugation
Mineral Fire, by María Ángeles Pérez López

I wonder about a comprehensive image of María Ángeles Pérez López's writing, about a center of permanence and radiance in her poetics. Until now I hadn't needed it; the enjoyment and reception of each of her books as a challenging proposal was a pledge happily renovated over the years. But writing about someone who writes requires an anchorage focused on the substantial. Therefore, what kind of attachment, objective, form of intelligence, of desire and unhappiness, preside over her writing? I would undoubtedly refer to an extremely beautiful and fertile need to conjugate herself in others, be they people, objects, places, events, splendor or the violences of the World. So, I say, Poetics of Conjugation, and I will now explain myself.

Pienso sus últimos libros. De una u otra forma, el lenguaje nace y se organiza como materia viva a partir de esta energía que ha de contar con lo ajeno para obtener entidad propia, y que urge compartir. En *Fiebre y compasión de los metales* (2016) eran los materiales puros y a la vez corrompidos por su estar en el mundo –tijera, cuchillo, vaso, flecha, robles, rocas y animales– los que, alquimizados a través del diálogo con poetas fundamentales para la autora –Pound, Vallejo, Pizarnik, Lorca...– nos hacían experimentar esa irrenunciable transitividad en el prójimo; «el descenso a la idea recíproca del rostro del otro», «la temperatura ética de la identificación con el semejante como sensación aflictiva frente al sufrimiento».[1] En 2019, Pérez López lanzaba los *diecisiete alfiles* (por sílabas) de sus «haikús desobedientes» desde una heterodoxia admirativa y profundamente conocedora de la tradición poética japonesa y su huella en la hispánica, territorio este último fundamental en su labor como profesora universitaria. ¿Por qué «faltar» a la clave normativa de esta forma poética, el *aware* o asombro ante la naturaleza, desposeído por completo del yo...? La respuesta la daba ella misma en el epílogo, donde afirmaba que sus *haikús* «no se sienten apremiados a ser una instantánea de la realidad porque no imaginan la realidad como algo ajeno al yo que la nombra».[2] Una voluntad de no desalojo extractada de la necesidad del compromiso.

Su entrega más reciente, *Interferencias* (2019), está compuesta a partir de textos de otros poetas de la tradición, fundamentalmente hispánica, y de datos procedentes de medios informativos y de estadísticas. Vallejo y las concertinas en Melilla; Dante y los parados de larga duración; Vallejo y la depauperación de

1 Juan Carlos Mestre, «Prólogo» a *Fiebre y compasión de los metales* (Madrid, Vaso Roto, 2016), p. 7 y 10.

2 María Ángeles Pérez López, epílogo a *Diecisiete alfiles* (Madrid, Abada, 2019), p.81

I'm thinking about her most recent books. One way or another, language is born and organized as living matter out of this energy that has to rely on what is foreign in order to obtain its own entity, that essence which urgently needs to be shared. In *Fever and Compassion of Metals* (2016) it was the raw materials at the same time corrupted by their being in the world–scissors, knife, glass, arrow, oaktrees, rocks and animals–that, alchemized through the dialogue with the author's fundamental poets–Pound, Vallejo, Pizarnik, Lorca...–made us experience that inalienable transitivity of the other; "the descent into the reciprocal idea of the face of the other," "the ethical temperature of identification with the fellow human being as an afflictive sensation in the face of suffering."[4] In 2019, Pérez López released her *seventeen bishops* (by syllable count) of "disobedient haikus" stemming from her astonished heterodoxy and profound knowledge of the Japanese poetic tradition and its imprint on the Hispanic one, the latter being the cornerstone of her work as a university professor. Why "neglect" the normative key of this poetic form, the awareness or amazement in the presence of nature, completely dispossessed of the self...? She gave the answer herself in the epilogue, where she stated that her *haikus* "do not feel the urge to be a snapshot of reality because they do not imagine reality as something alien to the self that names it."[5] A will of non-eviction stemming from the need of commitment.

Her most recent contribution, *Interferences* (2019), is composed from texts by other poets in the tradition, primarily Hispanic, as well as data from news media and statistics. Vallejo and his concertinas in Melilla; Dante and the long-lasting paus-

4 Juan Carlos Mestre, "Prologue" to *Fever and Compassion for Metals*. (Madrid, Vaso Roto, 2016), p. 7 and 10.

5 María Ángeles Pérez López, epilogue to *Seventeen Bishops* (Madrid, Abada, 2019), p.81

la sanidad pública; la «Mujer con alcuza» de Dámaso Alonso y el abandono de las ancianas en nuestra sociedad. El poema se hace carne significante a partir de ese diálogo provocado, del contraste entre datos sangrantemente objetivos y verdad trasladada por los sujetos que ahí hablan; la pervivencia temporal de versos escritos hace siglos... Frente a la temporada alta del egotismo, el yo se repliega a su cuartel de invierno y reside en la conciencia constructiva, que imanta poderosamente la ya no ajenidad de los elementos. Un acto de apropiacionismo que, más allá de legítimas reflexiones conceptuales centradas en el volumen frente al contenido, instrumentaliza hacia la denuncia social esta técnica y el *collageo* para situarnos en un formato mental brillantemente desautomatizador frente a las flagrantes injusticias y normalizadas violencias de nuestra contemporaneidad. Una vez más, conjugación; aquí de nuestra conciencia.

Los quince poemas en prosa que componen este *Incendio mineral* (2021) vuelven a explicitar, como procedimiento ya seña de identidad, el diálogo con poetas señeros en el devenir de la autora –María Ángeles Maeso, Gonzalo Rojas, Aníbal Núñez, José Emilio Pacheco, Fernando Pessoa, Antonio Machado...– pero muy fundamentalmente intensifican, hasta hacer trascender a un nuevo espacio su poética, aquella necesidad de la voz de hacerse transitiva con todos los habitantes y materiales del mundo.

Mi cuerpo choca contra los pronombres. No sé a cuál de sus exigencias obedezco.

No es cierto que sean cáscaras vacías: son vísceras y plasma en la transfusión que cede cada uno de nosotros. Cuando va a amanecer y salimos desnudos a la habitación más fría del idioma, entregamos materia y ADN.

Tal como avanzan estos primeros versos del libro, un vigoroso proceso de extimidación lo vertebra. Traigo este concepto lacaniano porque ha sido una recurrencia en las sucesivas lecturas y

es; Vallejo and the impoverishment of public health care; Dámaso Alonso's "Woman with an olive oil bottle" and the abandonment of elderly women in our society. The poem becomes meaningful flesh as a result of that elicited dialogue, of the contrast between the bleedingly objective data and the truth conveyed by the subjects who speak there; from the temporal survival of verses written centuries ago.... Faced with the busy season of egotism, the ego withdraws to its winter quarters and resides in the constructive consciousness, which powerfully magnifies the no longer alien nature of the elements. An act of appropriationism that, beyond legitimate conceptual reflections centered on volume versus content, instrumentalizes this technique and collaging towards social denunciation to place us in a frame of mind brilliantly de-automatizing in the face of the flagrant injustices and normalized violence of our contemporary world. Once again, conjugation: in this instance, of our consciousness.

The fifteen prose poems that make up this *Mineral Fire* (2021) once again make explicit an identity feature in Pérez López's poetics: the dialogue with key references in the author›s evolution–María Ángeles Maeso, Gonzalo Rojas, Aníbal Núñez, José Emilio Pacheco, Fernando Pessoa, Antonio Machado...–but most fundamentally these poems intensify, enabling her poetics to transcend to a new space, that voice's urge to become transitive with all the inhabitants and materials of the world.

> My body collides with pronouns. I don't know which of their demands I should obey.
>
> It isn't true that they are empty shells: they are viscera and plasma in the transfusion that each one of us gives up. When the sun's about to break and we go naked into language's coldest room we offer up matter and DNA.

As these first lines anticipate, a vigorous process of extimidation vertebrates the book. I bring up this Lacanian concept because it

acaso me permita trasladar una intuición. Lo *éxtimo* es lo que está más próximo, más en el interior sin dejar de ser exterior. El Otro como lo éxtimo del ser humano. Una formulación paradójica difícil de asumir, un cuerpo extraño que apetecería extirpar: «Cuál es, pues, ese otro con el cual estoy más ligado que conmigo mismo, puesto que en el seno más asentido de mi identidad conmigo mismo es él quien me agita».[3]

Incendio mineral podría ser una solvente respuesta a la pregunta del filósofo. El primer y el último poema del libro nos arrojan una interpelación que se hace a sí misma la voz poética; *«¿Quién crees que eres yo?»* (en cursiva, porque se trata del título de un poemario de María Ángeles Maeso, como aclara la autora al final del libro). «¿Y si eres nadie?», arranca el último texto. La construcción del yo se impulsa a lo largo del poemario tratando de responder al enigma de la condición humana que evidentemente, a estas alturas de su trabajo poético, María Ángeles Pérez López sabe que no puede obtener respuesta más que como aspiración, como deseo de realidad volcado en el presente de nuestra frágil existencia. Y como energía que debe completarse en los demás... Lo otro Mundo. El *nosotros* que amanece a la existencia y avanza por sus «corredores simétricos y grises con un hilo de sangre de la mano» sólo posee la hermandad del plural y la aproximación verbal para formar parte de ella y confrontarla («Sólo soy una herida en el lenguaje»). Y el gesto ambiguo del deseo: «Retícula imperfecta del amor. / Soy a la vez la araña y soy su mosca».

Desde el cuerpo como lugar absoluto, con el hilo de la sangre y el hilo del lenguaje como excipientes, la voz poética va avanzando y busca sentido en esa extimidación con lo que compone el mundo. Cada poema funciona como un pequeño prodigio químico hondamente significante, una superficie abismal donde conviven

---

3   Jacques Lacan (1957), «La instancia de la letra en el inconsciente o la razón desde Freud» en *Escritos 1* (Buenos Aires, Siglo XXI, 1975), p.491

has been a recurrent theme in my successive readings and perhaps it may allow me to convey an intuition. *Extimacy* is that which is closer, more inward without ceasing to be outward. The Other as the extimacy of the human being. A paradoxical construction that is difficult to accept, a foreign body that we wish to extirp: "What, then, is this other with whom I am more closely linked than with myself, since in the deepest essence of my identity with myself it is this other who stirs me."[6]

Mineral Fire could be a solvent response to the philosopher's question.The first and the last poem of the book cast us into an interpellation that the poetic voice poses to itself; *"Who do you think are I?"* (in italics because it is the title of a collection of poems by María Ángeles Maeso, as the author explains at the end of the book). "What if you are nobody?" the last poem begins. The construction of the *I* is propelled throughout the book attempting to respond to the enigma of the human condition, which evidently, at this point in her poetic work, María Ángeles Pérez López knows can only be answered as an aspiration, like a desire for a reality that is poured into the present of our fragile existence. And like energy that only becomes whole in others…The otherness World. The *we* that dawns into existence and advances through its "gray symmetrical corridors with a thread of blood off our hands" only possesses the sisterhood of the plural and the verbal approximation to be part of it and confront it ("I am only a wound in language"). And desire's ambiguous gesture: "Imperfect grid of love. / I am both the spider and I am its fly."

Starting from the body as an absolute instance, with the thread of blood and the thread of language as excipients, the poetic voice moves forward and searches for meaning in that extimacy with what composes the world. Each poem functions like a deeply sig-

6 Jacques Lacan (1957), "The Instance of Letter in the Unconscious or Reason Since Freud" in *Escritos 1, Buenos* Aires, Siglo XXI, 1975, p. 491.

la diversidad de la vida y la construcción de la propia identidad a partir de la descripción y de la reflexión analógica. Así cada pieza tiene un referente central (abejas, avispas, piedras, hormigas, la manzana, el pez, la piel humana, el fuego...) pero éste permite no sólo el análisis de la morfología y supervivencia de las especies sino la exploración de la condición humana y sus órganos vitales. Sea el amor: «Más de 20.000 especies de abejas distintas y sólo una ha de herirme con su beso [...]. ¿Permanecen sus cuerpos en la fidelidad estricta a cada especie? ¿Qué clase de fidelidad le compete a mi especie? ¿Especie?». Sean el lenguaje y por ende la pobreza:

> Sobre el eczema del asfalto corre una hilera de hormigas laboriosas. Ellas conocen el poema de Pound y no le temen a la palabra *usura* porque en el territorio del hambre no resulta posible imaginarla [...].
>
> Me sobrecoge sentirme tan cerca de su lado, en lo invisible y verdadero que es la piel enfermiza en la ciudad sobre la que caminan sin temor.
>
> Los científicos las llaman hormigas del pavimento, y cuando las nombran tan objetiva y presuntuosamente, creen cancelar cualquier duda que se hubiese abierto debajo de sus patas, pero lo cierto es que al correr por la piel enrojecida del asfalto, traen la luz y verdad de lo inasible. Son apelaciones radicales de la sombra.
>
> Las mendigas y yo también lo somos.

En esta indagación va sucediendo también algo sustancial con los espacios y con nuestro tiempo. Si el cuerpo propio se vuelca en el cuerpo del mundo, en su proliferación de especies, también deviene en la búsqueda de la genealogía personal a través de los apellidos: «La piedra me regala su apellido. Desmigarse. Perder. Ser sólo tiempo». Un rastreo en el que lo etimológico es física pura que, en virtud de ese procedimiento de fusión iluminadora

nificant small chemical prodigy, an abysmal surface where the diversity of life and the construction of one's own identity coexist through description and analogical reflection. Thus, each piece contains a central reference (bees, wasps, stones, ants, the apple, fish, human skin, fire...); however, this allows not only the analysis of the morphology and survival of the species but also the exploration of the human condition and its vital organs. Whether it is love: "More than twenty thousand different species of bees and only one will wound me with its kiss [...]. Do their bodies remain in strict fidelity to each species? What kind of fidelity pertains to my species? Species?" Whether it is language and therefore poverty:

Over the eczema on the asphalt runs a thread of industrious ants. They know Pound's poem and do not fear the word *usury* because in the territory of hunger it doesn't seem possible to imagine it[...].

It overwhelms me to feel so close to their side, in the invisible and true that is the sickly skin in the city where they walk without fear.

Scientists call them pavement ants, and when they name them so objectively and presumptuously, they believe they cancel any doubt that might have opened up under their legs, but the truth is that as they run across the asphalt's reddened skin, they carry the light and truth of the elusive. They are the shadow's radical appeals.

The beggars and I are, too.

In this inquiry something substantial is also happening with regard to space and our time. If one's own body turns into the body of the world, in its proliferation of species, it also evolves into the search for personal genealogy through surnames: "The stone gives me its last name. To crumble. To lose. To be only time." A tracing in which the etymological is pure physics that, by virtue of this procedure of illuminating fusion with the outside, can bring

con el afuera, nos puede traer algo de orientación, algo de paz. Porque la piedra «no teme el tumulto sincopado de los días», no teme, como cualquiera de nosotros, la disolución. Y si una observa lo que hay, se entrega a esa piedra, obtiene la cualidad de lo verdaderamente mirado: «Cada piedrita es plena y poderosa aunque caiga hasta ser un solo grano» [...] «Así yo igualmente, ratito de presencia, meteoro que corre para terminar chocándose con la línea invisible de la atmósfera, lagartija desnuda entre el cemento. / Pérez, hijo de Pedro, hijo de piedra».

Ver lo que se mira. Ser modificado por lo que nos toca. Reclamar nuestro derecho a ser animales de tiempo. En *Incendio mineral* hay una enmienda al mal de nuestra era pantallizada, en la que la automatización de la mirada nos está desvirtuando y nos conduce, ¿inexorablemente?, a esa nueva forma de ceguera, la «visión sin mirada» de la que hablaba Paul Virilio. Y a la disolución de fronteras entre interior y exterior, sin que hayamos tenido tiempo para generar herramientas que preserven lo privado en la circulación inevitablemente expuesta por este océano de océanos que es el espacio digital. Y que más allá, es la vida.

Termina el videojuego: «La oscuridad te ha consumido». Me sorprendo y comienzo a temblar. Miro la pantalla sin poder entender sus algoritmos encriptados. ¿Cómo sabe? Pero ¿cómo es que sabe?

Y ese tú, ¿a quién apunta con su dedo sin lengua, su índice preciso y privativo?

¿Puedo mirar hacia otra parte para que no se deposite sobre mí este peso que todo lo concierne?

¿Escabullirme, cerrar las piernas y que no entre la palabra *oscuridad*? Suelta el sexo sus pavesas en la carcasa del oído.

No voy a ceder aunque sea cierto [...].

Final de juego. Final del amor. Finales. Alguien siempre decide por nosotros: «Pero yo me resisto, por eso me resisto». Y en el

us some orientation, some peace. Because the stone is "unafraid of the syncopated tumult of days," is unafraid, unlike any one of us, of dissolution. And if one observes what is there, surrenders to that stone, one obtains the quality of what is truly observed. "Each pebble is complete and powerful even when it falls and breaks into a single grain. [...] So am I likewise, an instant of presence, meteor that rushes to end up colliding with the invisible line of the atmosphere, naked lizard surrounded by cement. Pérez, son of Pedro, son of stone."

To see what is looked at. To be changed by what touches us. To reclaim our right to be animals of time. In *Mineral Fire* there is an amendment to the evil of our screen era, in which the automation of the gaze distorts us and leads us–inexorably?–to that new form of blindness, the "gaze without vision" Paul Virilio spoke about. And towards the dissolution of boundaries between inside and outside, without having had the time to generate tools able to preserve the private, by this ocean of oceans that is the digital space now in inevitable exposed circulation. Beyond that, life.

Game over: "Darkness has consumed you." Startled, I begin to tremble. I look at the screen without understanding its encrypted algorithms. How does it know? But how come it knows?

And that you, to whom does it point, with its tongueless finger, its precise and privative index?

Could I look the other way so this all-concerning burden isn't imposed upon me?

Could I slip away, close my legs and not let the word *darkness* enter me? Sex releases its embers into the ear's shell.

I won't give up even if it's true [...].

The game is over. Love is over. Endings. Someone always decides for us: "But I resist, that's why I resist." And in the quivering and

acto tembloroso y supremo que es cualquier rebelión, las palabras como hermanas de sangre, como fuerza «a medio camino entre lo líquido y lo sólido» capaz de arrastrarlo todo, «incluido el miedo». Para alguien tan consciente de que el lenguaje nos hace, el poema se convierte en el lugar donde revertir la potencia disgregadora de las palabras en favor de la unidad y de la vida. «Con ellas me atrevo a reclamar perennemente un tiempo sin fronteras [...] y que luego todo pueda volver a ser su siendo, su gerundio, su gerundísimo gerundio entre los labios».

Es muy difícil encontrar un libro donde la energía de lo poético haga una aleación de lo universal y lo pequeño, de lo que atañe a la carne del cuerpo sólo y al de la especie, de lo que trae rumores ancestrales y retos de presente. Recorrer este *Incendio mineral*, sus poemas brindados al mundo en *su siendo*, es una súbita oportunidad de apuntar hacia esa unidad añorada, sólo viable, parece, en la generosidad de la conjugación.

JULIETA VALERO

supreme act that is any rebellion, words like blood sisters, like a force "halfway between liquid and solid" capable of dragging everything, "including fear." For someone so keenly aware that language is what creates us, the poem becomes the place where the disintegrating power of words can be reversed in favor of unity and life. "With them I dare to claim perennially a time without borders […] and then to let everything be again its being, its gerund, its very gerund gerund between my lips."

It is extremely difficult to find a book where the energy of the poetic creates an alloy between the universal and the small, between what concerns the flesh of the body alone and that of the species, between what brings about ancestral whispers and the challenges of the present. Traversing this *Mineral Fire*, its poems offered to the world in *their beingness*, is a sudden opportunity to point towards that longed-for unity, only viable, it seems, through the generosity of conjugation.

JULIETA VALERO

www.ingramcontent.com/pod-product-compliance
Lightning Source LLC
Chambersburg PA
CBHW050844270326
41930CB00020B/3472